¿Qué es Cuidado de Crianza?

¿Qué es Cuidado de Crianza?

Hola a todos! Yo soy JJ y quiero ayudarte a entender lo que es el cuidado de crianza y creo ser la persona indicada para explicarlo porque se de antemano lo que se siente!

Yo entre en cuiado de crianza cuando solo era apenas era un bebé y allí estuve por 6 años hasta que fuí adoptodado a la edad de 7 años.

¿Qué es Cuidado de Crianza?

Lo más importante que tenemos que recordar es que no debemos dejar a los niños solos. De hecho es contra la ley dejar a un niño solo, descuidado, o desprotejido. Todo niño merece y necesita un hogar seguro, un padre/madre amoroso(sa) y una buena educación.

Y en situaciones en donde los PRIMEROS PADRES no pueden cuidar de su hijo(a) de tal manera, un PADRE DE CRIANZA puedo tomar su lugar y proveer este importante apoyo. Asi que de esa manera, el Cuidado de Crianza es un acto de AMOR y BONDAD.

Departamento de Niños:

¿Tienes amor en tu corazón para criar a un niño(a)?

Aun asi, el Cuiado de Criaza se puede sentir muy injusto porque no estas viviendo con los padres que te trajieron a este mundo. Pero por favor entiende que no es tu culpa.

Las personas en Cuiado de Crianza no son adultos. Ellos son bebes, niños pequeños, pre-adolecentes y hasta adolecentes! Y porque no son lo sufiecientemente mayores para cuidarse por si mismos, ellos deben ser colocados con adultos quienes puedan cuidar de ellos hasta que sean adoptados o cumplan 18 años de adad (o 21 años dependiendo en donde vivan).

El no estar con tus PRIMEROS PADRES a veces puede hacerte sentir confundido(a) y TRISTE y a veces hasta ENOJADO(A). También puede hacer que tus sentimientos crezcan tan grande dentro de ti que te hace sentir MIEDO.

Aquí hay algunas razones por las cuales algunas familias no pueden mantenerse unidas...

Algunos padres simplemente son demasiado jovenes.
Pueden aparentar ser un padre/madre por fuera pero
por dentro realmente tan solo son unos niños.

Algunos padres pueden tener serios problemas con el alcohol o las drogas.

Algunos padres no fueron bondadosos con sus hijos.

Algunos padres pudieron haberse asustado y se marcharon.

Algunos padres no pueden proveer comida, ropa, y un lugar donde vivir.

Algunos padres pudieron haber tenido alguna enfermedad física o mental y requieren ser hospitalizados.

Algunos padres pudieron haber fallecido.

Algunos padres pudieron haber sido encarcelados o llevados a la carcel por violar la ley.

Algunos padres puede que sean recien llegados a este pais y hayan sido detenidos en la fronera por no tener una visa adecuada para entrar a los Estados Unidos o se les negó la ciudadania.

En todos estos casos, un trabajador social y un juez pueden decidir que sería mejor colocar al niño en un hogar de acogida.

PERO recuerda...Casi NUNCA es porque los primeros padres no QUISIERON hacerse cargo de ti. Es solo que ellos no pueden hacerse cargo de si mismos.

Debes saber que el ser padre/madre es una tarea difícil. Cuidar de un niño(a) toma mucha **PREPARACIÓN, APOYO, TIEMPO, EDUCACIÓN,** y **ESFUERZO** todos los días!

En Memoria

Y no todas las personas pueden con esa responsabilidad.

¿Ya lo ves? El cuidado de Crianza es algo maravilloso. Es un acto de bonda muy poderoso el que la gente pueda ver por la salud, seguridad, y bienestar de un niño(a) con necesidad.

La mayoria de las veces, los primeros padres no desean que su hijo(a) sea "apartado(a)". Ellos se juntan con un juez y un trabajor social para hacer un Plan basado el caso para resolver sus problemas y reunificarse con sus hijos(a) lo más pronto posible.

Como ya vimos, el trabajador/a social es una persona muy importante en el cuidado de crianza porque el/ella ayuda a encontrar una familia de cuidado de crianza que sea la mejor para el niño(a) y trabaja de cerca con todas las personas envolucradas siendo bondadosa y de gran aooyo!

El conocer a una familia de cuidado de crianza por primera vez puede ser algo temeroso y eso esta bien. Es algo normal sentirse de esa manera cuando sientes incertidumbre de como sean o si les vas a caer bien y si te van aceptar.

Ellos estan esperanzados de que te guste estar aquí.

Por lo general, los padres de cuidado de crianza estan igual de anciosos por cuidar de ti como tu lo estas de que te cuiden.

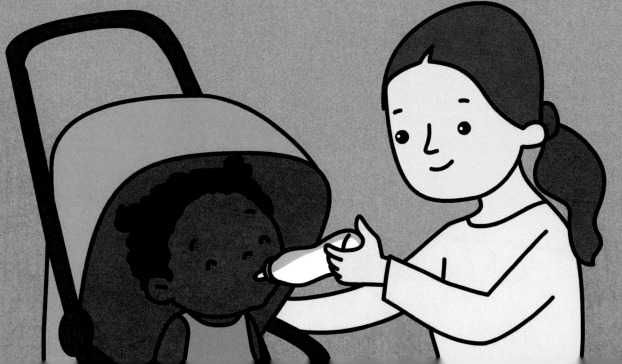

... puedo asegurte que los adultos estan haciendo lo que sienten que es lo mejor para ti.

Cuando eres puesto en cuidado de crianza tienes una nueva familia! Aunque tal vez sea temporal esto significa que tienes un nuevo rol como hijo e hija, o como hermana o hermano.

Inmediatamente tendrás un lugar importante en tu familia de cuidadode crianza. Recuerda que ellos QUISIERON cuidar de ti. Ellos quisieron proveer comida, techo, y si también Amor.

Por lo tanto, por mas descomfortante y extraño que esto pueda parecer al principio, debes saber que todo esto tiene el proposito de ayudarte y no castigar. Esto es para asegurar que tu tengas un lugar dondo puedas ser cuidado(a), amado(a), y creecer para comvertirte en la mejor persona que TU PUEDES SER.

Esto es el porque un plan de cuidado de crianza debe ser creado por un trabajador(a) social Y un juez quienes colectivamente deciden que los primeros padres/madres no pueden debidamente cuidar de su niño/a.

También debes saber-tu no estas solo. Miles y miles de niños alrededor del mundo se encuentran en Cuidado de Crianza, niños/as de todas las edades, razas, religiones, y nacionalidades.

Es importante recordar que el estar en cuidado de crianza no es un castigo sino un acto de bondad. Esto se hace con la intencion de que sea un hogar temporal solo hasta que los primeros padres puedan legalmente tenerte de regreso o seas adoptado en una nueva familia. Y el estar en esta situacion nunca fue TU culpa.

Eres digno(a)

Eres amado

Eres valioso(a)

Puedes llagar a creer que todo esta mal y sentir enojo y fuera de lugar pero ten presente que varias personas estan trabjando fuertemente para ayudarte a llegar ser la mejor version de tí.

Pronto encontraras a otros(as) igual que tu, igual que YO, igual que todos nosotros. Todas estas personas también estuvieron en cuidado de crianza!
Eddie Murphy, Tiffany Haddish, Seal, Cher, el mago Jason Bishop, Simone Biles, Babe Ruth, Rapper Ice T, Dr. Wayne Dyer, el cantante Jimmy Wayne y Edgar Allen Poe!

No estas solo(a)!

Jeanette Yoffe a estado proporcionando terapia, apoyo, y educación a niños, adolecentes, adultos y a sus familias relacionadas atra vez del cuidado de crianza y adopción desde 1999. Ella es autora, oradora, y psicoterapeuta en Los Angeles. Su pasión se debe a su propia experiencia de haber sido adoptada a la edad de 7 años y medio, y haber sido criada mediante el cuidado de crianza por 6 años. Ella escribio una obra de teatro sobre su experiencia, la cual se puede encontrar atravez de la plataforma Audible con el titulo en ingles, "What's Your Name, Who's Your Daddy?" Originalmente de Nueva York, ella vive en Los Angeles con su esposo e hijo. Ella también ha adoptado 5 gatos!

Visite: www.JeanetteYoffe.com

Devika Joglekar es una animadora e ilustradora. Ella ha proporcionado ilustraciones para más de 50 libros para niños y más de una docena de novelas gráficas, libros de poecia, historietas. Ella tiene una amplia experiencia en la creación de arte através de varios medios como acuarela, tinta, lápiz, y photoshop. Ella ha estado dando vida a ideas através de su labor de amor, miheika.com.

Originalmente de India, ella ahora vive con su esposo en el Area de La Bahia en San Francisco.

Made in the USA
Middletown, DE
21 May 2023

31072884R00022